Apprendre le Français
niveau 1

Activités de vocabulaire pour les enfants

ARTHWR BASS

Digital Creative Publishing

Éditeur
Vanessa Lozada Gil

Auteur
Arthwr Bass

Éditorial
DCPLibros Digital Creative Publishing

Illustrations et photographies
Digital Creative Publishing
Images libres de droits (images FFCU)
- Created by Freepik, www.freepik.com
(Crédits à l'auteur respectif dans chaque image)

Table des matières

Salutations et adieux

Lisez.

Chaque conversation, qu'elle soit formelle ou informelle, commence par une salutation. Une salutation est une chose amicale que les gens disent lorsqu'ils rencontrent quelqu'un. Un adieu est quelque chose que les gens disent souhaiter bonne chance lorsqu'ils partent.

Regardez les images et lisez.

Bonjour

Bonne après midi

Bonsoir

Salut

Enchanté de te connaître

Aurevoir

À demain

Prends soin de toi

À bientôt

Remplissez les lettres manquantes des mots.

Lisez et marquez dans la case (✓) si elle est correcte, ou (✗) sinon. Si ce n'est pas le cas, notez-le correctement.

B O N J _ U R

B _ N N E

A P R _ S

M _ D I

B O N S _ O I R

S A L _ T

A U R _ V O I R

E N _ H A N T _

T _

C O _ N A Î T R E

P R E _ D S

S O _ N

D _

T _ I

D E _ A I N

B I E N _ Ô T

Bonejourr

Bonjour ✗

Bonne ap midi

_____

Salut

_____

Enchanté de te connaître

_____

Bonsoiroo

_____

Aurevouire

_____

À bientôt

_____

6

Résolvez les mots croisés et trouvez le mot mystère.

```
1        B     N            
2           E     I         
3     N        A            
4           A              
5  À           T            
6        M     D            
7        P     E            
```

1. Bonjour
2. Aurevoir
3. Enchanté
4. Salut

5. À bientôt
6. Midi
7. Prends

Entourez le mot correct en fonction de l'image.

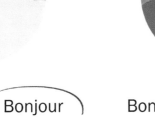

Bonsoir   (Bonjour)   Bonne   Salut   Bonsoir   Aurevoir
                        après midi

Regardez les images et lisez.

Salut!
Je m'appelle
Thomas

Salut!
Je suis Julian

Salut!
Je suis Diana

Salut!
Je m'appelle
Natalia

Salut!
Je m'appelle
Sofía

Salut!
Je m'appelle
Felipe

Faites correspondre les images avec le nom respectif.

Felipe

Diana

Thomas

Sofía

Julian

Natalia

Lisez et écrivez votre nom et le nom de votre meilleur ami.

> Salut! Je suis le nouvel étudiant.
> Mon nom est _____. Quel est ton nom?

> Mon nom est _____.
> Enchanté de te connaître!

> Avec plaisir!

Dressez la liste des phrases pour organiser la conversation.

☐ Diana: Bonjour Laura. Mon nom est Diana.

☐ Diana: Je suis ravi de vous rencontrer, c'est aussi mon premier jour!

1 Laura: Bonjour. C'est mon premier jour d'école. Mon nom est Laura. Quel est ton nom?

☐ Laura: Ravi de vous rencontrer Diana.

Émotions

Lisez.

Salut, Sara. Comment ça va?

Je suis triste.

Pourquoi es-tu triste?

Parce que j'ai perdu ma poupée préférée.

Je suis désolé Sara.

Entourez le mot correct qui complète la phrase et écrivez.

Son nom est

_____

Sofía
Lesli
Eliana
Sara

Elle est

_____

Heureux
Triste
Déplacé
Bien

Résolvez les mots croisés en regardant les images des émotions.

Heureux

Excité

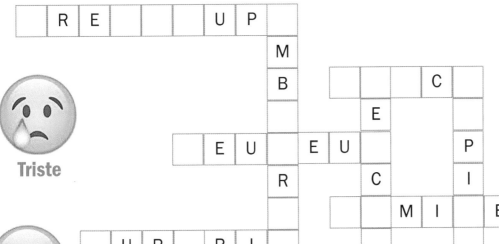

Agacé

Triste

Timide

Surpris

Embarrassé

Espiègle

Préoccupé

Lisez et jouez chaque émotion avec vos amis.

Ennuyé

Bien

Triste

Content

Surpris

Honteux

Fâché

Peureux

Perplexe

Heureux

Malade

Déprimé

Espiègle

Confus

Amoureux

Certains adjectifs qui se terminent par "e" forment la forme féminine. À d'autres moments, le mot change complètement.

Trouvez les émotions sur la liste dans la soupe à l'alphabet.

Ennuyé
Bien
Honteux
Triste
Content
Surpris
Perplexe
Heureux
Fâché
Peureux
Confus
Malade
Déprimé
Amoureux

H	X	U	E	R	U	O	M	A	B
E	N	N	U	Y	E	A	D	F	I
U	D	E	P	R	I	M	E	R	E
R	R	T	Y	U	T	R	E	W	N
E	E	X	E	L	P	R	E	P	S
U	C	V	B	G	F	D	S	E	R
X	F	C	O	N	F	U	S	R	E
T	R	I	S	T	E	S	Q	E	Y
T	Y	U	I	O	I	P	X	D	S
S	D	F	E	R	W	A	U	A	Z
C	V	B	P	S	R	T	E	L	E
E	R	R	R	F	G	H	T	A	H
W	U	F	G	H	J	K	N	M	C
S	T	T	N	E	T	N	O	C	A
P	E	U	R	E	U	X	H	R	F

Faites correspondre les images avec l'émotion correcte.

Heureux

Triste

Bien

Fâché

Ennuyé

Peureux

Regardez les images et répondez à la question. Comment ça va?

Je suis malade.

_____

_____

Salut!

Je m'appelle Eva.

Je suis heureuse.

Comment ça va?

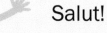

_____

_____

_____

Dessinez les visages en fonction de l'émotion décrite.

Je suis heureux.

Je vais bien.

Je suis triste.

Je suis inquiet.

Je suis déprimé.

Je suis fâché.

14

Entourez l'émotion correcte.

Fâché

Bien

Ennuyé

Peureux

Triste

Honteux

Fâché

Content

Heureux

Fâché

Triste

Honteux

Triste

Fâché

Amoureux

Content

Fâché

Ennuyé

Heureux

Triste

Amoureux

Honteux

Heureux

Triste

15

En classe

Lisez et mémorisez le vocabulaire de la classe.

Professeur

Étudiant

Tableau

Cahier

Livre

Stylo

Crayon

Cartable

Chaise

Bureau

 Règle

 Paire de ciseaux

 Gomme

 Dictionnaire

 Taille-crayon

 Crayons de couleur

 L'ordinateur

 Poubelle

Écrivez tous les éléments de la classe qui sont visibles dans l'image.

_____

_____

_____

_____

_____

Résolvez les mots croisés et trouvez le mot mystère.

1	L											
			2		A		E		U			
		3	B		E		U					
		4		I		I		N		I		E
5			H									
6	C		Y									
7		G										
8 L		R		N								

1. Livre   5. Cahier
2. Tableau   6. Crayon
3. Bureau   7. Règle
4. Dictionnaire   8. L'ordinateur

Remplissez les lettres manquantes des mots.

CARTA _ LE   L'O _ DINATEUR

B _ REAU   DICTIO _ NAIRE

CHA _ SE   CO _ LEUR

LIVR _   ÉT _ DIANT   RÈG _ E

C _ HIER   TABLE _ U   GOMM _

STY _ O   _ ROF _ SSEUR   P _ IRE

CR _ YON   PO _ BELLE   CIS _ AUX

Écrivez les éléments indiqués.

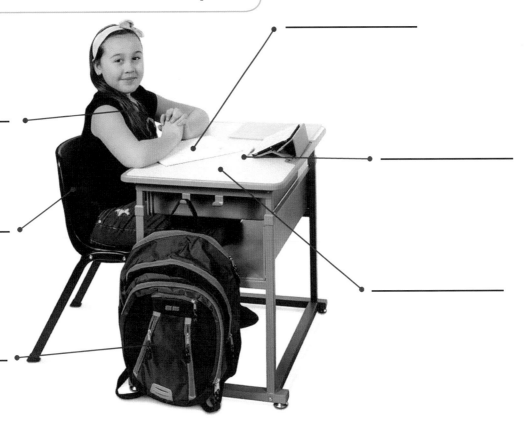

_____

_____

_____

_____

_____

_____

Lisez et marquez dans la case (✓) si elle est correcte, ou (✗) sinon. Si ce n'est pas le cas, notez-le correctement.

L'ordinniteor	✗	Cartaublei		Paire de ciseaux	
L'ordinateur		_____		_____	
Taille-crayon		Tableau		Crayoneus	
_____		_____		_____	
Cahieres		Dictionnaire		Chaise	
_____		_____		_____	

 **Lisez les cartes et mémorisez les commandes de la classe.**

Silence!

Lève la main

Assieds-toi

Lève-toi

Ferme la porte

Faire la queue

Écrivez

Lire

Écoute

Regarder le tableau noir

Ouvrez les livres

Fermez les livres

Arrêt

Peindre

Partager

Remplissez les lettres manquantes des mots et des phrases.

Écrivez toutes les commandes associées aux images.

S I L _ N C E

L È V _   L A   M _ I N

A S S I _ D S - T O I

L È V E - T _ I

F E _ M E   L A   P O _ T E

F A I _ E   L A   Q U E U E

É C R _ V E Z

L _ R E

É C O _ T E

R E G A _ D E R   L E
  T A B L _ A U   N O _ R

O U V _ E Z   L E S   L I V R E S

F E R M E Z   L E S   L I _ R E S

A R _ Ê T

P E _ N D R E

P A R T _ G E R

Assieds-toi

Lève-toi

_____   _____

_____   _____

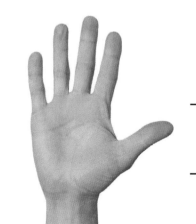

_____

_____

Trouvez les commandes de la classe dans le puzzle de recherche de mots.

D	L	F	G	H	J	G	H	J	U	Y	E	R	I	L
S	E	D	S	I	L	E	N	C	E	T	R	E	W	E
V	V	G	H	J	K	L	P	O	I	U	Y	E	T	V
F	E	R	M	E	L	A	P	O	R	T	E	U	R	E
E	L	F	G	C	T	Y	U	I	O	P	I	E	U	T
E	A	R	T	R	A	R	R	E	T	F	G	U	E	O
V	M	F	G	I	A	S	D	F	G	H	D	Q	R	I
G	A	H	J	V	Y	U	I	O	P	E	R	A	D	T
Y	I	T	R	E	C	O	U	T	E	O	I	L	N	U
D	N	R	T	Z	C	V	B	N	M	J	H	E	I	G
O	U	V	R	E	Z	L	E	S	L	I	V	R	E	S
A	S	S	I	E	D	S	T	O	I	R	T	I	P	D
H	J	K	I	O	P	I	U	Y	T	R	E	A	V	B
D	F	G	R	E	G	A	T	R	A	P	E	F	W	Q

Écrivez la commande que l'enseignant dirait en fonction de l'image.

Silence

_____

_____

_____

Couleurs

Les couleurs peuvent être divisées en primaire, secondaire et tertiaire. Les couleurs primaires sont les parents de toutes les générations futures de couleurs car lorsqu'elles sont mélangées, elles produisent des couleurs secondaires. Les couleurs primaires sont des pigments non mélangés qui ne peuvent pas être créés en mélangeant d'autres couleurs.

COULEURS PRIMAIRES

Jaune   Bleu   Rouge

COULEURS SECONDAIRES

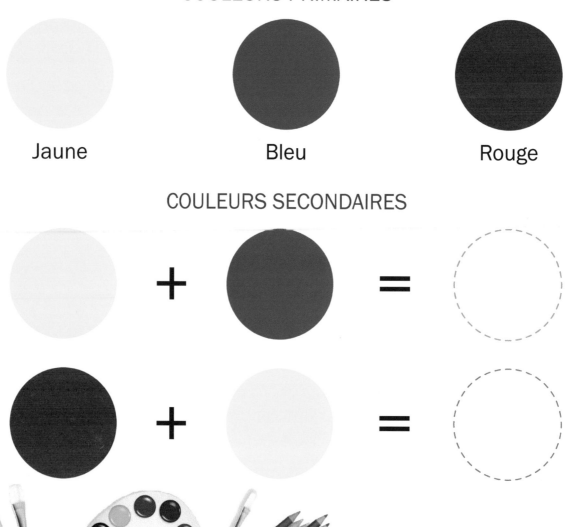

Lisez et mémorisez les couleurs.

Rouge

Vert

Rose

Marron

Orange

Jaune

Crème

Gris

Violet

Noir

Bleu

Blanc

25

 **Lisez et associez les couleurs aux objets.**

ROUGE

BLEU

JAUNE

ROSE

VERT

MARRON

ORANGE

Peignez les étoiles avec les couleurs indiquées.

  Rouge  Bleu  Vert

 Orange   Marron   Crème

 Gris  Rose   Noir

Trouvez les couleurs dans la soupe à l'alphabet.

Orange
Jaune
Rouge
Vert
Rose
Marron
Crème
Gris
Violet
Noir
Bleu
Blanc

E	R	T	E	G	N	A	R	O	F
E	V	I	O	L	E	T	O	G	G
M	T	Y	U	I	O	P	U	Q	R
E	D	F	E	E	R	T	G	W	I
R	C	D	N	R	T	R	E	V	S
C	N	U	C	W	E	O	T	Y	R
T	A	R	R	F	G	S	H	J	U
J	L	S	I	Z	X	E	S	D	E
W	B	F	O	B	L	E	U	B	G
F	G	H	N	O	R	R	A	M	D

Remplissez les lettres manquantes des couleurs.

ROUG_

_LEU

ORA_GE

RO_E

VI_LET

G_IS

VE_T

JAU_E

M_RRON

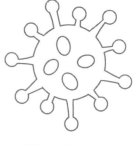

BLA_C

CRÈ_E

N_IR

Peignez le dessin avec les couleurs indiquées.

1. Rouge	4. Marron	7. Orange
2. Jaune	5. Noir	8. Blanc
3. Vert	6. Crème	9. Rose

Fruits et légumes

Lisez et mémorisez les fruits et légumes.

Pomme

Banane

Mandarine

Orange

Citron

Raisin

Kiwi

Noix de coco

Fraise

Poire

Pêche

Cerise

Framboise

Mûre

Tomate

Pastèque

Ananas

Brocoli

Salade

Concombre

Épinard

Carotte

Remplissez les lettres manquantes des mots.

ORA _ GE

FRA _ SE

BA _ ANE

B _ OCO _ I

CE _ IS _

PO _ RE

POM _ E

CAR _ TTE

TO _ AT _

RAI _ IN

ANA _ AS

Écrivez le fruit ou le légume et la couleur selon l'image.

  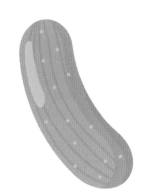

pomme   rouge   _____ _____   _____ _____

_____ _____   _____ _____   _____ _____

_____ _____   _____ _____   _____ _____

33

Trouvez les fruits et légumes dans la soupe à l'alphabet.

D	C	S	A	N	A	N	A	S	R	T	Y	U	I	O	P	K	J	H
R	A	I	S	I	N	F	G	D	S	E	N	I	R	A	D	N	A	M
F	R	A	M	B	O	I	S	E	D	F	G	H	J	K	L	P	O	U
B	O	I	U	Y	T	R	E	M	M	O	P	R	E	W	R	T	I	R
R	T	D	F	S	A	L	A	D	E	X	C	D	R	A	N	I	P	E
O	T	E	H	C	E	P	F	R	V	B	E	U	Q	E	T	S	A	P
C	E	N	T	Y	U	I	I	G	H	J	K	L	O	P	E	I	C	U
O	R	O	T	Y	U	O	C	O	C	E	D	X	I	O	N	E	E	Y
L	V	R	B	N	P	F	G	H	J	N	B	V	F	D	A	W	R	C
I	T	T	Y	C	O	N	C	O	M	B	R	E	S	S	N	E	I	R
G	K	I	W	I	H	J	Y	E	T	A	M	O	T	D	A	C	S	V
F	R	C	E	W	D	F	T	Y	U	I	O	P	L	K	B	J	E	H
F	O	R	A	N	G	E	R	T	Y	U	I	E	S	I	A	R	F	D

Faites correspondre le fruit à la couleur.

BANANE

FRAISE

POMME

ANANAS

POIRE

PASTÈQUE

CITRON

RAISIN

MANDARINE

KIWI

ORANGE

CERISE

34

Lisez et marquez dans la case (✓) si elle est correcte, ou (✗) sinon. Si ce n'est pas le cas, notez-le correctement.

| Pastèequi | ✗ | Cittrone | | Framboise | |
| _Pastèque_ | | _____ | | _____ | |

| Ananas | | Raisin | | Brocolien | |
| _____ | | _____ | | _____ | |

| Fraise | | Poairue | | Épinard | |
| _____ | | _____ | | _____ | |

Peignez les fruits et légumes à votre goût.

35

Nombres

 **Lisez.**

1	**2**	**3**	**4**	**5**
Un	Deux	Trois	Quatre	Cinq

6	**7**	**8**	**9**	**10**
Six	Sept	Huit	Neuf	Dix

11	**12**	**13**	**14**	**15**
Onze	Douze	Treize	Quatorze	Quinze

16	**17**	**18**	**19**	**20**
Seize	Dix-sept	Dix-huit	Dix-neuf	Vingt

À partir de 20, la conjonction «et» est utilisée dans les nombres qui se terminent par 1. Pour joindre les nombres qui se terminent par 2, 3, 4, 5, 6, 7, 8 et 9, un tiret est utilisé. Les dizaines suivantes sont trente (30), quarante (40), cinquante (50), soixante (60), soixante-dix (70), quatre-vingts (80) et quatre-vingt-dix (90).

Comptez les fruits ou légumes et écrivez le nombre.

Trois
_____

_____

_____

_____

_____

_____

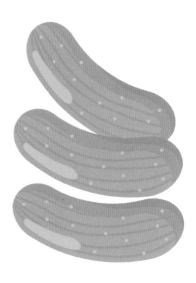

_____

_____

_____

Encerclez le nombre exact.

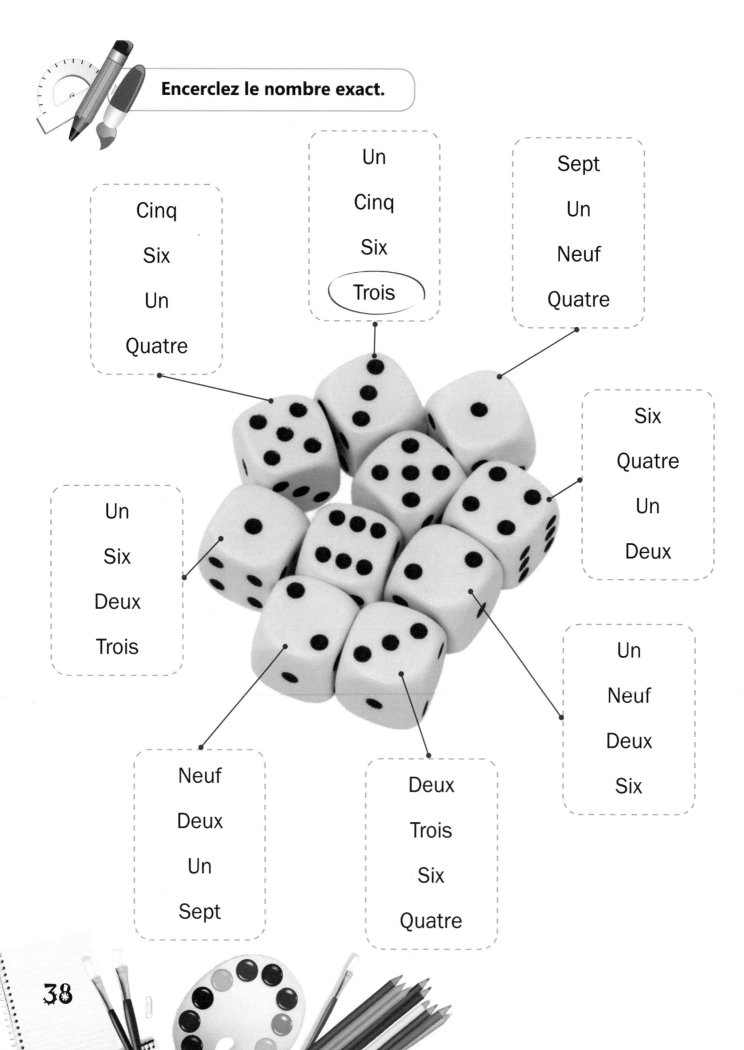

Cinq
Six
Un
Quatre

Un
Cinq
Six
(Trois)

Sept
Un
Neuf
Quatre

Six
Quatre
Un
Deux

Un
Six
Deux
Trois

Un
Neuf
Deux
Six

Neuf
Deux
Un
Sept

Deux
Trois
Six
Quatre

Comptez les poissons et écrivez le nombre.

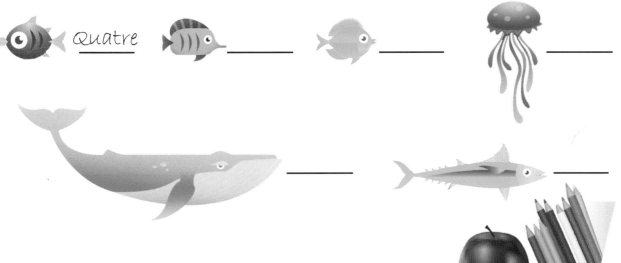

Quatre _____   _____   _____   _____

_____   _____

Comptez et écrivez.

Six

_____   _____   _____

_____   _____   _____

Cercle les groupes de fruits ou de légumes comme indiqué.

QUATRE  CINQ  QUATRE

TROIS DEUX

41

Formes

Regardez les formes et lisez.

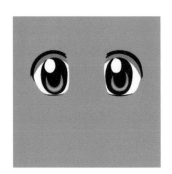

Carré

Cercle

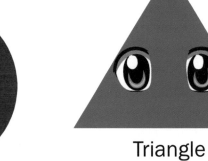

Triangle

Etoile

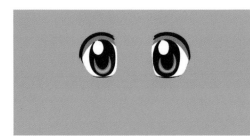

Rectangle

Coeur

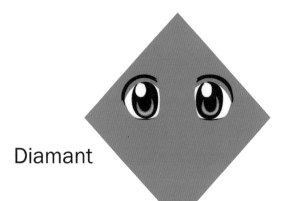

Diamant

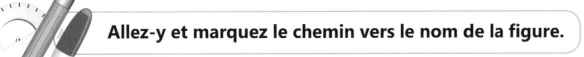
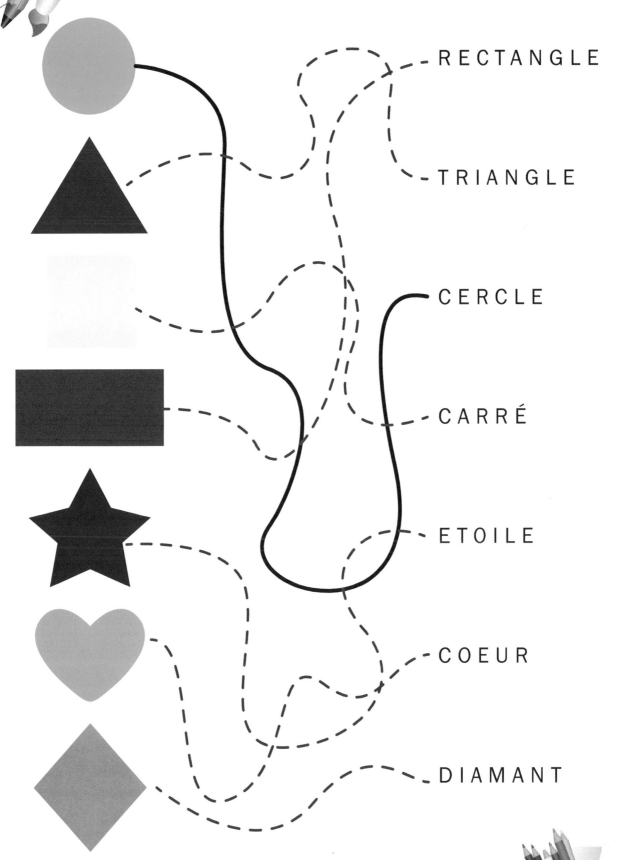

RECTANGLE

TRIANGLE

CERCLE

CARRÉ

ETOILE

COEUR

DIAMANT

Dessinez les formes indiquées.

Coeur   Triangle   Carré

Etoile   Rectangle   Cercle

Dessinez les formes indiquées.

Quatre triangles	Six rectangles	Deux coeurs
Trois étoiles	Sept cercles	Cinq carrés

Faites correspondre les objets avec la forme indiquée.

Trouvez et encerclez les formes de l'image.

1. Trois cercles.

2. Un triangle.

3. Cinq rectangles.

4. Trois carrés.

Animaux de la ferme

Le poussin

L'oie

La poule

La dinde

Le coq

Le chien

Le lapin

Le taureau

Le chat

La chèvre

Le porc

La vache

L'agneau

Le mouton

Le cheval

Le canard

48

Regardez les images et répétez le son de chaque animal.

Miaou

Le chien

Le chat

Ouah

Cui, cui

Le coq

Le poussin

Cocrico

Meuh

Le porc

La vache

Groin

beee

Le cheval

Le mouton

hiiiii

49

Écrivez le nom de chaque animal.

1. _La chèvre_____

2. _____

3. _____

4. _____

5. _____

6. _____

7. _____

Trouvez les animaux de la ferme dans la soupe à l'alphabet.

Oie
Poussin
Poule
Coq
Dinde
Taureau
Chat
Chien
Lapin
Chèvre
Porc
Vache
Mouton
Cheval
Canard

E	R	D	R	A	N	A	C	L	E	R	T	P	S
C	T	Y	U	A	E	R	U	A	T	N	G	O	F
H	D	E	Y	U	I	O	P	P	U	O	R	U	E
E	F	D	A	S	D	X	C	I	Y	T	T	S	R
V	C	N	T	Y	U	I	V	N	W	U	Q	S	W
R	O	I	E	D	V	A	C	H	E	O	V	I	D
E	N	D	M	J	K	L	P	O	I	M	R	N	T
Q	W	T	R	E	U	Y	T	R	N	E	I	H	C
D	F	P	O	R	C	S	A	O	I	U	Y	T	R
G	H	Y	T	R	F	E	L	U	O	P	C	V	D
C	O	Q	R	T	Y	U	I	C	H	E	V	A	L
I	P	E	W	C	H	A	T	U	O	I	U	Y	T

Faites correspondre l'image avec le nom de l'animal.

Porc

Lapin

Vache

Cheval

Poussin

Mouton

Remplissez les lettres manquantes des mots.

P _ U S S I N

P O R _

P O U _ E

O I _

V A C _ E

C _ Q

C _ A T

C H I _ N

C H E V _ L

M _ U T O _

Sources

Carson-Dellosa Publishing. Francés I, Grados K - 5 (Compañeros de habilidades). 3 enero 2011.

Living Language. Ultimate French Beginner-Intermediate (Coursebook). July 28th 2009.

Myrna Bell Rochester. McGraw-Hill Education. Easy French Step-by-Step 1st Edición. 1 Diciembre 2008.

Dominique Wenzel, Michele M. Williams, et ál. Francés para Dummies (Spanish Edition). 30 noviembre 2012.

Natural Learning. APRENDER FRANCÉS ¡HABLANDO! + AUDIO: Curso de francés para principiantes. Hablar francés fluentemente - practicar - rápido y fácil - método NLS (Spanish Edition). 23 febrero 2015.

Gaelle Graham. Complete French with Two Audio CDs: A Teach Yourself Program. 27 diciembre 2013.

Pimsleur. Pimsleur French Conversational Course - Level 1 Lessons 1-16 CD: Learn to Speak and Understand French with Pimsleur Language Programs (1). 3 octubre 2005.

Consumer Dummies. For Dummies. French All-in-One For Dummies. 9 Octubre 2012.

Eliane Kurbegov. Practice Makes Perfect: Basic French, Premium Second Edition. 17 Febrero 2017.

Germaine Choe, Nathan Lutz, Nancy Meyers. French for Kids: 10 First Reader Books with Online Audio and 100 Words (Beginning to Learn French Colors, Shapes, Numbers, Common Vocabulary). 1 Enero 2016.

Printed in Great Britain
by Amazon

86707129R00033